El
desafío de
30 días de
oración

para mujeres

El desafío de 30 días de oración

para mujeres

Nicole O'Dell

BARBOUR
ESPAÑOL
Un Sello de Barbour Publishing

© 2022 por Barbour Español

ISBN 978-1-63609-244-7

Título en inglés: *The 30-Day Prayer Challenge for Women*.

© 2018 por Barbour Publishing, Inc.

Desarrollo editorial: *Semantics, Inc. Semantics01@comcast.net*

Publicado por Barbour Español, un sello de Barbour Publishing, Inc, 1810 Barbour Drive, Uhrichsville, Ohio 44683 www.barbourbooks.com

Nuestra misión es inspirar al mundo con el mensaje transformador de la Biblia.

Impreso en Estados Unidos de América.

INTRODUCCIÓN

¡Bienvenida a *El desafío de 30 días de oración para mujeres*!

Después de una lectura diaria que te ayudará a ver las cosas como las ve Dios, hay algunas preguntas que te ayudarán a aprender de tus propios pensamientos y experiencias sobre ese tema. Esfuérzate a ser honesta mientras exploras tus respuestas, porque esa es la única manera de crecer realmente. Tus respuestas a esas preguntas te ayudarán a aplicar la verdad a tu vida. Luego, tres focos de oración —mañana, tarde y noche— te mantendrán pensando y orando sobre ese tema todo el día para que eche raíces en tu corazón.

Los treinta días de enfoque van a mostrarte lo importante y beneficioso que es estar en la Palabra de Dios diariamente y el impacto que tendrán en tu vida los hábitos de oración.

Presta atención a cómo cambian tus actitudes y expectativas al pasar tiempo con Jesús y cómo empiezas a esperar ese tiempo cada día. Planea seguir con esas prácticas más allá de estos treinta días y hazlas parte del resto de tu vida.

Día 1

SIN SORPRESAS

El que cree que sabe algo, todavía no sabe
como debiera saber.
1 Corintios 8.2 nvi

Algunas cosas parecen estar muy claras. En esos casos, nos resulta fácil ver la opción correcta porque es obviamente lo mejor para nosotros y para los demás. Por supuesto que es correcto aceptar el nuevo trabajo. Por supuesto que es bueno comprar esa nueva casa. Por supuesto que es algo positivo decir que sí a la petición de ministerio de tu pastor. Después de todo, lo bueno debe ser lo correcto, ¿no? Si eres como yo, a menudo te encuentras operando con ese tipo de lógica y luego te sorprendes cuando las cosas se descarrilan o Dios dice que no.

Hace aproximadamente un año, estaba buscando un trabajo y llegué hasta el final del proceso de entrevistas para uno que parecía perfecto para mí. El trabajo se ajustaba a mis necesidades y el negocio estaba al lado de mi casa. ¿Cómo no iba a ser ese el plan de Dios para mí? Bueno, quedamos yo y otra persona. ¿Adivina quién consiguió el trabajo? Alguien que tendría que conducir treinta minutos hasta llegar allí. ¿Estaba Dios dormido? Debió de estarlo para permitir que aquello se me escapase.

Sinceramente, estaba desolada. ¿Acaso no le importaba que yo necesitara ganar más dinero y que el hecho de estar tan cerca de casa fuera mejor para mis hijos? Él guardó silencio. Pero no pasó mucho tiempo antes de que se presentara otra oportunidad. Era un trabajo mejor, con mejor sueldo, y una ubicación aún mejor: mi oficina en casa. Conseguí ese trabajo y recordé que incluso cuando creo que sé más, Dios sabe más. Si hubiera conseguido el primero, habría dejado de buscar y me habría perdido su perfecta voluntad y provisión.

¿QUÉ PASA?

* ¿A qué ideal te aferras y necesitas ponerlo en manos de Dios?

* ¿Cómo puedes cambiar tu enfoque en las decisiones para dejar más espacio a la perfecta voluntad de Dios?

* Enumera algunas cosas importantes que vas a planificar a corto y largo plazo, y escribe una o dos frases que te ayuden a considerar la voluntad de Dios.

PAUTAS DE ORACIÓN

Mañana: Ora para que Dios te dé paz cuando te enfrentes a decisiones difíciles.

Algo parecido a esto...

> *Amado Dios, gracias por estar a mi lado cuando tengo que tomar decisiones difíciles. Por favor, ayúdame a buscar tu guía incluso cuando parece que el camino está claro. Quiero seguirte en todo. Amén.*

Tarde: Pídele a Dios que te muestre su plan.

Algo parecido a esto...

> *Padre, quiero caminar en tu voluntad, pero es difícil cuando no sé cuál es. ¿Me ayudarías a aprender a seguir el camino con entusiasmo y gracia, incluso cuando no lo*

entienda? Y por favor, muéstrame
cuándo has estado trabajando a mi
favor para que pueda entenderlo.
Amén.

Noche: Pídele que calme tu espíritu cuando lleguen las sorpresas.

Algo parecido a esto...

Señor, es difícil dejar ir lo que quiero
y aceptar cuando las cosas no funcio-
nan de acuerdo a lo que me parece
mejor. Por favor, calma mi espíritu
cuando me enfrente a esas sorpre-
sas para que pueda ver dónde estás
actuando tú. Amén.

Día 2

AVIVAR LAS LLAMAS

Sin leña se apaga el fuego,
y sin chismes se acaba el pleito.
PROVERBIOS 26.20 DHH

Ese versículo pinta una imagen muy vívida. Puedo ver las llamas de un fuego buscando algo que pueda arder. Cuando se le acaba el combustible o los objetos inflamables, el fuego muere porque no hay nada que lo alimente. Lo mismo ocurre con los rumores. Comienza como un pequeño fuego, buscando combustible: oídos que escuchen y labios que compartan. El fuego de los chismes ansía atención, y morirá sin ella. Si nadie lo escucha, no hay nadie que lo difunda, así que naturalmente se desvanece.

Tengo amigos especiales que me han visto en algunos de los momentos más oscuros de mi vida. Han estado conmigo en todo, y sé que puedo confiar en ellos para cualquier cosa. Vemos las cosas de la misma manera, y nos encanta compartir historias y comparar experiencias. También oramos los unos por los otros e intercambiamos peticiones de oración todo el tiempo. Todo eso forma parte del maravilloso y divino don de la amistad. El problema es que estamos tan cerca y confiamos tanto el uno en el otro que a veces esa intimidad puede avivar el fuego de los chismes hasta convertirlo en una hoguera.

Comprométete a no participar en el intercambio de rumores, a no escucharlos ni difundirlos. Deja que los jugosos detalles de la vida y las experiencias de otra persona mueran en tu boca en lugar de compartir información destructiva para obtener un beneficio egoísta. Lleva ese compromiso a tus amigos y familiares, y pídeles que te ayuden a hacer el cambio apoyándote cuando resistas el impulso de cotillear. Cuando lo hagas, ellos verán tu esfuerzo y quizás se convenzan de hacer un compromiso similar para ellos mismos. ¡Comienza una epidemia!

¿QUÉ PASA?

❋ ¿Qué opina Dios de los rumores? ¿Por qué?

❋ ¿Cómo destruyen los rumores las relaciones?

❋ ¿Alguna vez has cotilleado y has causado dolor a alguien? ¿Necesitas buscar la reconciliación con esa persona?

PAUTAS DE ORACIÓN

Mañana: Ora para que Dios te ayude a contener tu lengua cuando te sientas tentada a cotillear.

Algo parecido a esto...

> *Amado Dios, por favor sella mis labios cuando tenga algo que decir sobre otra persona. Ayúdame a no complacerme en compartir cosas que no son de mi incumbencia. Amén.*

Tarde: Pídele a Dios que sustituya por buenas obras tu deseo de murmurar.

Algo parecido a esto...

> *Amado Dios, reconozco que he pasado mucho tiempo hablando de otras personas. Por favor, ayúdame*

a no hacerlo, pero también a utilizar la energía que he gastado en cotilleos para tu bien. Muéstrame formas en las que puedo ser una luz para las personas de las que alguna vez he hablado. Amén.

Noche: Pídele que te muestre los rumores que hay en tu vida.

Algo parecido a esto...

Padre, siempre es fácil ver los defectos de los demás. Por favor, ciégame a los defectos de los que me rodean y, en cambio, ayúdame a ver las áreas en las que necesito crecer en mi propia vida. Amén.

Día 3

EXPECTATIVAS

*Y recibiremos de él todo lo que le pidamos
porque lo obedecemos y hacemos las cosas
que le agradan.*
1 Juan 3.22 ntv

Los bebés nacen con la expectativa innata de
que se les cuide. Aprenden que llorando se
les alimenta, se les limpia o se les mece. Los
niños pequeños esperan que se satisfagan

sus deseos y necesidades de inmediato, y se enojan si no se salen con la suya. No negocian, no tienen paciencia y no aceptan un no por respuesta. A medida que crecemos, aprendemos que las cosas no siempre salen como queremos. Pero eso no siempre es fácil.

Dios nos dice que podemos tener lo que queramos, solo tenemos que pedirlo y él nos lo dará. ¿Verdad? No exactamente. Este versículo y otros similares que hablan de la provisión y la generosidad de Dios son a menudo mal citados. La percepción es que si pedimos, obtenemos. Pero fíjate en el final de ese versículo: "porque le obedecemos y hacemos las cosas que le agradan". Eso no significa que él siempre dirá que sí para recompensarnos. Significa que porque estamos en Su voluntad, querremos lo que él quiere para nosotros.

No es natural que un niño mire a sus padres y les pida permiso para cruzar una calle muy transitada sin mirar: esa petición es una contradicción con la voluntad de los padres para el niño. Sin embargo, es natural que ese niño pida ayuda con los deberes o una segunda ración de una cena saludable. Cuando buscamos la voluntad de Dios para nuestras vidas, es natural pedirle que nos muestre lo que necesitamos y que haga que nuestros deseos se alineen con los suyos. No hay mejor sensación, como mujer de Dios, que saber que le perseguimos con todo nuestro corazón y que esperamos grandes cosas según su voluntad.

¿QUÉ PASA?

* ¿Qué hay en tu lista de deseos ahora mismo? ¿Se alinean con la voluntad de Dios o con la tuya?

* ¿Cómo reaccionas cuando Dios te dice que no o que todavía no?

* ¿Qué necesitas dejar ir para poder acercarte a la voluntad de Dios para ti?

PAUTAS DE ORACIÓN

Mañana: Ora para que Dios te dé gratitud. Algo parecido a esto...

> *Amado Dios, siento haberme quejado cuando las cosas no han salido como yo quería. Por favor, recuérdame todas las formas en que me has bendecido, y ayúdame a practicar la gratitud durante todo el día. Amén.*

Tarde: Pídele a Dios que te ayude a alinear tus deseos con su voluntad. Algo parecido a esto...

> *Querido Señor, quiero lo que tú quieres para mí porque sé que es el mejor plan y la única manera de encontrar la verdadera paz. Por*

favor, ayúdame a confiar en ti incluso cuando digas que no. Amén.

Noche: Pídele que te muestre lo que necesitas soltar.

Algo parecido a esto...

Padre, he tratado de hacer muchas cosas a mi manera, y he perseguido lo que creía que me llenaría. Por favor, ayúdame ahora a dejar mi propia voluntad, a soltar los tesoros de este mundo, y a seguir tu corazón en todas las cosas. Amén.

Día 4

LA ECONOMÍA DE DIOS

*En todo os he enseñado que, trabajando así,
se debe ayudar a los necesitados, y recordar
las palabras del Señor Jesús, que dijo: «Más
bienaventurado es dar que recibir».*
Hechos 20.35 RVR 1995

Hay una mujer en mi iglesia cuya generosidad
me ha hablado a lo largo de los años. La he
visto hacer cosas por la gente y dar dinero y

posesiones sin esfuerzo, sin esperar nada a cambio. Creo que da más de lo que nadie sabe. La generosidad fluye de ella. Una vez hablé con ella sobre esto. Le pregunté cómo podía ser tan libre con su dinero, sus posesiones e incluso su tiempo. Ella dijo: «Cariño, todo es la economía de Dios. Yo solo soy un canal para que él pueda llevarlo a donde quiere».

Años después descubrí que ella misma no tiene mucho. Gana poco dinero y tiene muy pocas posesiones. Encuentra su alegría en dar. Es fácil dar nuestros recursos cuando rebosan, ¿verdad? Pero la verdadera expresión de la generosidad llena de fe es cuando damos con abandono y obediencia, tengamos o no un excedentes.

En 2 Corintios 8.2 (NTV), Pablo dice de la iglesia macedonia: «están siendo probadas con muchas aflicciones y además son muy pobres; pero a la vez rebosan de abundante alegría, la cual se desbordó en gran generosidad». Eso explica por qué ese amigo mío siente tanto gozo. Es un resultado de la generosidad.

Este no puede ser tu objetivo final, pero ¿te das cuenta de que cuanto más generoso seas, más se te dará porque se te puede confiar? Puedes mostrar tu fe dando más y viendo lo que Dios hace.

¿QUÉ PASA?

* ¿Cómo te sientes con tu propio espíritu de generosidad?

* ¿Qué cargas financieras (u otras) te impiden ser una persona generosa?

* ¿Qué dos o tres pasos puedes dar para empezar a posicionarte como un canal para la economía de Dios?

PAUTAS DE ORACIÓN

Mañana: Ora por orientación financiera. Algo parecido a esto...

> *Amado Dios, ¿me mostrarás hoy dónde estoy fallando como administradora de tu economía? Muéstrame lo que necesito cambiar en mis hábitos financieros y en mi estilo de vida para poder ser más generosa. Amén.*

Tarde: Pídele a Dios que te dé la fe para ser generosa. Algo parecido a esto...

> *Amado Dios, nunca me has fallado. Siempre tengo lo que necesito. Por favor, ayúdame a tener la fe para soltar el control de mi dinero y*

*de mis cosas. Ayúdame a dar con
entrega total cuando tú me llamas
a hacerlo. Amén.*

Noche: Ora por la oportunidad para mostrarlo.
Algo parecido a esto...

*Padre, gracias por guiarme hacia
una mayor generosidad. Estoy lista.
Por favor, muéstrame las oportunidades en las que quieres que cana-
lice algo de tu bondad a los demás.
Amén.*

Día 5

ÚNETE A DIOS

*Jesús le dijo: —El que pone la mano
en el arado y luego mira atrás no es apto
para el reino de Dios.*
LUCAS 9.62 NTV

Dios es hoy. Él es ahora. Está aquí, presente,
con nosotros. Su corazón no está en el pasado
y, aunque conoce el futuro, no está ahí esperando a que lleguemos. Él está aquí.

No está mal planificar y prepararse para el futuro. Pero preocuparse por el mañana no tiene sentido. El mañana tendrá alegrías y penas, éxitos y fracasos, por mucho que te preocupes. Y la preocupación revela una falta de fe. Si no crees que Dios tiene el mañana en la palma de su mano y que tiene tus mejores intereses en el corazón, entonces te preocuparás. Pero si crees en quién es él y en lo que quiere para ti, entonces estarás en paz con respecto al futuro, confiada en que será perfecto porque te has rendido a su voluntad.

Peor aún que temer el futuro es lamentar el pasado, lo cual solo nos incapacita para el mañana. ¿Sabías que nuestro Padre elige olvidar nuestro pasado una vez que se lo entregamos? Él realmente perdona y olvida, y aunque nuestros pecados sean como la grana, los hace blancos como la nieve. Entonces, si él elige no quedarse atascado en los errores que cometimos, ¿por qué insistimos en hacerlo?

Es porque nuestro enemigo quiere que nos sintamos desanimadas e indignas para que no demos un paso audaz hacia el llamado que Dios tiene para nosotras en el presente. Lo último que quiere tu enemigo es que creas en tu identidad en Cristo y compartas esa buena noticia con los demás. Así que, si puede mantenerte atascada en la culpa, no avanzarás en el reino. Silénciala y únete a Dios en la obra que está haciendo hoy.

¿QUÉ PASA?

✳ ¿Qué errores has cometido que te impiden confiar verdaderamente en la gracia de Dios? Escríbelos.

✳ ¿De qué manera tu culpa y tu vergüenza te han impedido participar en la obra de Dios?

✳ ¿Dónde está obrando Dios en este momento a tu alrededor? ¿Cómo puedes unirte a él?

PAUTAS DE ORACIÓN

Mañana: Ora para que Dios te muestre cómo está actuando la culpa en tu vida.

Algo parecido a esto...

> *Amado Dios, hay errores en mi pasado, y a veces me impiden confiar verdaderamente en ti. Por favor, muéstrame cómo mi aferrarme al pasado y mi falta de confianza en tu gracia me alejan de lo que tú tienes para mí. Amén.*

Tarde: Pídele a Dios que te sane del sentimiento de culpa.

Algo parecido a esto...

> *Amado Dios, ahora que veo dónde me retiene la culpa, por favor sáname*

*de ella. Ayúdame a que, de una vez
por todas, deje de lado mi remordimiento y me impida volver a aga-
rrarlo para poder avanzar contigo,
sin que el pasado me lo impida.
Amén.*

Noche: Pídele a Dios que te enseñe sobre tu pasado.

Algo parecido a esto...

*Padre, aunque tú no quieres que
luche con la culpa, sé que quieres que
aprenda. Por favor, muéstrame las
lecciones que quieres que aprenda de
las experiencias que he tenido para
que pueda aplicarlas en el futuro y
ayudar a otros que se enfrenten a
algo similar. Amén.*

Día 6

LISTA PARA ESCUCHAR

Mis queridos hermanos, tengan presente esto:
Todos deben estar listos para escuchar, y ser
lentos para hablar y para enojarse.
SANTIAGO 1.19 NVI

¿Alguna vez te has visto envuelta en una conversación o debate profundo y sabes que estás exponiendo buenos argumentos, pero te das cuenta de que la otra persona está esperando a que acabes para poder hablar? Es frustrante porque la conversación es unilateral y no tiene sentido. ¿O qué me dices de cuando pides ayuda a tus amigos o compartes tu dolor, pero lo único que quieren es completar tu historia con la suya propia? En esos momentos no te sientes escuchado ni apoyado en absoluto, ¿verdad?

Dios nos llama a estar listas para escuchar, lo que significa que nuestra primera respuesta es tratar de oír y entender. De hecho, el versículo anterior se refiere a la parte de la comunicación que consiste en escuchar antes que en hablar y en las emociones. Escuchar, por su naturaleza, es una postura abierta. Se trata de recibir, no de expulsar.

Sé paciente cuando hables con la gente. No te empeñes tanto en demostrar tu punto de vista o tener la razón que pierdas la oportunidad de compartir y aprender. Escucha las palabras de la gente para poder entender su corazón y satisfacer sus necesidades.

¿QUÉ PASA?

* ¿Qué significa ser rápido para escuchar? ¿Cómo se reflejaría eso en tus interacciones?

* ¿En qué momento te has apresurado a hablar y eso ha roto la comunicación? ¿Cómo podría haber sido diferente?

* ¿Cómo puedes entrenarte para escuchar primero y plenamente en lugar de precipitarte a hablar o juzgar?

PAUTAS DE ORACIÓN

Mañana: Ora para que Dios frene tu lengua. Algo parecido a esto...

> *Amado Dios, mi boca se adelanta a mi cerebro y a mi corazón muy a menudo. Por favor, frena mi ritmo y ayúdame a controlar mi discurso para que esté en sintonía con la comunicación del Espíritu Santo. Amén.*

Tarde: Pídele que te abra los oídos. Algo parecido a esto...

> *Amado Dios, quiero estar lista para escuchar. Quiero que la gente se sienta escuchada por mí. Por favor, ayúdame a ir más despacio y a tomarme tiempo. Abre mis oídos y*

ayúdame a escucharte primero a ti y
luego a los demás. Amén.

Noche: Ora para tener sabiduría en tu respuesta.

Algo parecido a esto...

Padre, ahora que estoy escuchando
más y buscando entender, ayuda a
que mi respuesta esté en línea contigo.
Por favor, muéstrame cómo responder
de manera piadosa y justa a las nece-
sidades de los demás. Permíteme ser
una extensión de tu mano. Amén.

Día 7

GESTIÓN DEL TIEMPO

*Esten, pues, muy atentos a la manera que tienen
ustedes de comportarse, no como necios, sino
como inteligentes. Y aprovechen cualquier
oportunidad, pues corren tiempos malos.*
EFESIOS 5.15-16 BLPH

Las mujeres somos, por naturaleza, buenas
en las multitareas. Hacemos muchas cosas a
la vez, y la mayoría de las veces lo hacemos

bien. Sin embargo, a veces sobreestimamos nuestras capacidades y subestimamos nuestras limitaciones y llenamos nuestras vidas con demasiadas cosas. Decimos que sí a todas las peticiones que nos hacen y luego nos encontramos luchando por hacer todo con excelencia y perjudicando a los demás en el camino. Sé que eso es muy cierto para mí. Tengo mi vida y mi agenda tan llenas que me encuentro tratando de apresurarme en cosas importantes solo para cumplir una promesa o tener una fecha límite o no decepcionar a alguien. Y luego me enfado con la gente que me «obligó» a asumir tantas cosas.

El Señor quiere que usemos nuestro tiempo sabiamente para sus propósitos. No podemos hacerlo cuando estamos demasiado comprometidas. También quiere que demos lo mejor de nosotras mismas en todo lo que hacemos. No podemos hacer eso cuando nos apresuramos en la vida. Él quiere que nos liberemos lo suficiente como para que cuando surja una necesidad real haya suficiente margen en nuestras vidas para que podamos satisfacerla. Se necesita una planificación intencionada y un enfoque para proteger tu tiempo y estar disponible.

Jesús nunca perdió la oportunidad de hacer lo correcto, pero también sabía que tenía que proteger su bienestar espiritual y se iba a lugares tranquilos a orar. Fue lo suficientemente sabio como para alimentar su alma con descanso para estar listo para hacer el trabajo de su Padre. De la misma manera, podemos alimentar nuestras almas con la oración, la adoración y la meditación en las Escrituras. Entonces estaremos preparadas y abiertas para lo que venga.

¿QUÉ PASA?

✳ Nombra algunas cosas a las que te has comprometido y que te estresan, que están fuera de tu ámbito o que no se alinean con el plan de Dios para ti.

✳ ¿Cómo te comprometiste con esas cosas? ¿Cuál fue la motivación?

✳ ¿Cómo puedes recuperar tu agenda y gestionar mejor tu tiempo? ¿Cómo puedes evitar esa trampa en el futuro?

PAUTAS DE ORACIÓN

Mañana: Ora para que Dios te ayude a gestionar mejor tu tiempo.

Algo parecido a esto...

> *Amado Dios, tengo buenas intenciones y me siento bien diciendo que sí a todo, pero sé que necesito más margen y descanso. Por favor, ayúdame a ver lo que necesito cambiar en mi vida ahora mismo. Amén.*

Tarde: Pídele a Dios que te dé herramientas de gestión del tiempo.

Algo parecido a esto...

> *Amado Dios, la manera más fácil de tener una agenda sana es no dejar que se nos vaya de las manos en*

*primer lugar. Por favor, ayúdame
a tomar decisiones sabias sobre lo
que acepto, y dame el valor de decir
que no cuando lo necesite. Ayúdame
a priorizar las cosas importantes.
Amén.*

Noche: Pídele que sane tu cuerpo y tu mente
del estrés.

Algo parecido a esto...

*Padre, ahora que estoy haciendo
tiempo para mí, veo el efecto que el
estrés ha tenido en mí. Por favor,
ayúdame a calmar mi mente y a
relajar mi cuerpo de tanta presión.
Ayúdame a encontrar una paz dura-
dera. Amén.*

Día 8

EL OJO DEL OBSERVADOR

Que la belleza de ustedes no sea la externa,
que consiste en adornos tales como peinados
ostentosos, joyas de oro y vestidos lujosos. Que
su belleza sea más bien la incorruptible, la que
procede de lo íntimo del corazón [...]. Esta sí que
tiene mucho valor delante de Dios.
1 Pedro 3.3-4 nvi

¿A quién tratamos de impresionar con todo este esfuerzo por tener el cuerpo perfecto, el vestuario perfecto, la cara perfecta? ¿Quién es el juez de nuestra belleza, y cómo hemos caído en la trampa de ese esfuerzo? Nos esforzamos tanto por conseguir la aprobación de los demás, pero ellos ni siquiera se lo piensan dos veces porque también están atrapados en su propio mundo de lucha.

Si pudiera sumar todo el tiempo y la angustia mental que he pasado tratando de alcanzar algún tipo de ideal mundano, probablemente me pondría enferma. Por ejemplo, el ejercicio. Hubo una época de mi vida en la que pasaba horas en el gimnasio con el único propósito de verme mejor. Pero llegó un momento en mi vida en que mi enfoque cambió. El ejercicio se convirtió en una alegría porque me revitalizaba. Se convirtió en una cuestión de rendimiento, diversión y salud, no de apariencia.

Tú, preciosa amiga, fuiste hecha a la imagen de Dios. Hermosa a sus ojos. Reconocida por la belleza que perdura, la belleza inmarcesible que solo puede encontrarse en un espíritu amable. Deja de lado los ideales del mundo en cuanto a tu apariencia física y tu búsqueda de un ropero a la última moda. En cambio, agradece las hermosas cualidades que Dios plantó dentro de ti. Las que son de gran valor a sus ojos.

¿QUÉ PASA?

* Indica algunas formas poco saludables en las que has luchado con la búsqueda de la belleza física.

* Enumera tres cualidades que Dios ha plantado dentro de ti que son mucho más hermosas que la apariencia externa.

* ¿Cómo puedes utilizar esas cualidades para marcar la diferencia en la vida de los demás?

PAUTAS DE ORACIÓN

Mañana: Ora para que Dios te muestre cómo te ve.

Algo parecido a esto...

> *Querido Jesús, ayúdame a verme a través de tus ojos. Muéstrame dónde colocas el mayor valor para que yo también pueda enfocarme en ello. Amén.*

Tarde: Pídele a Dios que te perdone.

Algo parecido a esto...

> *Amado Dios, por favor, perdóname por estar tan ensimismada y centrada en algo que no importa. No quiero perder ni un minuto más en una búsqueda insana de un ideal físico*

solo para esperar la aprobación de los demás. Amo lo que tú ves en mí, y esa es la única aprobación que necesito. Amén.

Noche: Pídele que te ayude a encontrar el equilibrio.

Algo parecido a esto...

Padre, sé que cosas como lucir bien y hacer ejercicio no son inherentemente malas. Por favor, ayúdame a encontrar un equilibrio saludable para que pueda ser una buena administradora de mi cuerpo y de mis recursos y un testimonio para los demás sobre la verdadera belleza. Amén.

Día 9

TIEMPO DEVOCIONAL

Por la mañana, SEÑOR, escuchas mi clamor;
por la mañana te presento mis ruegos,
y quedo a la espera de tu respuesta.
SALMOS 5.3 NVI

«Debes tener un tiempo devocional con Dios cada mañana por al menos treinta minutos. Y para los espiritualmente maduros, por una hora; pero no te preocupes, lo conseguirás».

¿Has sentido alguna vez que ese es el mensaje que escuchas sobre tener tiempo a solas con Dios? Ese tipo de estructura prevista nunca logró inspirarme, te lo aseguro.

Sí, creo que la mañana es el mejor momento para encontrar esos momentos para orar, meditar y estudiar. Suele ser cuando la casa está más tranquila y las presiones del día aún no se han acumulado, y establece el tono para afrontar el caos. Y, sí, creo que deberíamos dedicar una buena parte del día a tener ese tiempo con Dios. Pero no creo que él pretenda que pongamos una alarma o que miremos el reloj. ¿Cómo nos sentiríamos si nuestros hijos o amigos hicieran eso cuando pasan tiempo con nosotros? ¿Y es la duración del tiempo devocional la medida de la madurez espiritual? En absoluto. Los fariseos tenían mucho tiempo para estudiar y orar, pero eran el epítome de la inmadurez espiritual.

Todo se reduce a esto. ¿Cómo puedes conocerlo si no pasas tiempo con él? ¿Cómo puede enseñarte si no te sientas a sus pies? ¿Cómo puede sanarte de tu dolor a menos que se lo entregues a él? ¿Y cómo puedes crecer si no pasas tiempo agradeciéndole y alabándole? Esas cosas me inspiran. Eso es lo que me hace abrir la Biblia, cantar una alabanza o caer de rodillas en oración.

¿QUÉ PASA?

* ¿Cómo describirías tu intimidad con Dios?

* ¿Crees que es importante tener un tiempo devocional con Dios? ¿Qué te inspira a hacerlo?

* ¿Cómo podrías estructurar mejor tu día para tener más tiempo a solas con Dios?

PAUTAS DE ORACIÓN

Mañana: Pasa un tiempo extenso con Dios. Ora algo parecido a esto...

> *Amado Dios, quiero sentarme aquí a Tus pies y descansar. Quiero escucharte hablar esta mañana para poder llevar esa paz conmigo durante todo el día. Ayúdame a escucharte. Amén.*

Tarde: Pídele a Dios un impulso refrescante. Algo parecido a esto...

> *Jesús, a medida que avanza mi día, te siento cada vez más lejos. Por favor, ayúdame a permanecer cerca de ti incluso en medio del caos que me rodea. Amén.*

Noche: Pídele que te hable al corazón durante tu descanso.

Algo parecido a esto...

> *Padre, me encantan estos días en los que me acerco a ti. Por favor, habla a mi alma mientras duermo, y despiértame con ganas de buscarte y pasar tiempo contigo por la mañana. Amén.*

Día 10

PRESUPUESTO REDUCIDO

Buena y provechosa es la sabiduría [...] si
además va acompañada de una herencia.
Porque la sabiduría protege lo mismo
que el dinero, pero la sabiduría tiene
la ventaja de darle vida al sabio.
ECLESIASTÉS 7.11-12 DHH

Mi pastor, que ya goza de su recompensa celestial, solía decir: «Si me muestras el estado del interior de tu auto, puedo decirte el estado de tu chequera». Lo que decía era que la forma en que cuidamos, o administramos, las cosas que se nos confían es una revelación de cómo administramos todos los recursos de Dios. La primera vez que le oí decir eso, me di cuenta de que tenía razón. Mi vida en ese momento era una gran carrera: prisa por ir al siguiente evento, prisa por hacer ejercicio, prisa por terminar la cena, prisa por ir a dormir. En medio de todo el caos, dejé que cosas como el estado de mi coche, el suelo de mi ropero, el interior de mi bolso y, sí, el estado de mi cuenta corriente pasaran a un segundo plano por todas las cosas que «tenía» que hacer.

En realidad, todo se reduce a la necesidad de una administración cristiana de nuestras vidas. ¿Está tu talonario de cheques en orden? ¿Y la montaña de facturas que se acumulan en tu escritorio? ¿Hay un equilibrio cómodo entre ahorros, gastos, entretenimiento y generosidad? ¿O necesitas tomar medidas para tener tus finanzas bajo control? Si no estás operando con un presupuesto, puede ser el momento de empezar.

Lo más importante a la hora de establecer un presupuesto es ser honesta con tus ingresos y gastos. Reconoce dónde estás gastando de más y prioriza lo más importante. Dios pide una parte de las primicias de nuestro trabajo. Ora para saber lo que él quiere que hagas con tus ofrendas. Luego, paga las deudas con intereses, porque eres esclava de ellas hasta que terminen. Por último, construye una cuenta de ahorros saludable. Es hora de entregar completamente tus finanzas al Señor. Está bien que tengas cosas y dinero, pero no está bien que se apoderen de ti por culpa de las deudas o la codicia.

¿QUÉ PASA?

* Describe tu situación financiera.

* ¿Qué errores financieros has cometido? ¿Qué harías de forma diferente la próxima vez?

* ¿Cuáles son los cambios más concretos que puedes hacer en tu estilo de gestión del dinero que tendrán efectos a largo plazo sobre tu economía?

PAUTAS DE ORACIÓN

Mañana: Ora para que Dios te ayude a tomar buenas decisiones financieras en el día de hoy.

Algo parecido a esto...

> *Amado Dios, a veces parece que todo el mundo quiere dinero, y es difícil equilibrar mis propias necesidades y deseos con todo lo demás. Por favor, ayúdame a tomar buenas decisiones hoy y a ser una buena administradora de todo lo que me has dado. Amén.*

Tarde: Pídele a Dios que te ayude a hacer un presupuesto.

Algo parecido a esto...

> *Amado Dios, está claro que necesito ayuda en el área de mis finanzas. Por*

favor, ayúdame a establecer algunas
pautas de gasto y a ser diligente con
mis facturas y otros gastos. Ayú-
dame a establecer un presupuesto y a
ceñirme a él. Amén.

Noche: Pídele que te dé su perspectiva.
Algo parecido a esto...

Padre, sé que tienes un gran plan
para mis decisiones financieras.
Ayúdame a tomar buenas decisiones
ahora para que haya espacio para
unirme a ti en tu obra. Amén.

Día 11

MENTORÍA

Asimismo, las ancianas deben ser reverentes en su conducta, no calumniadoras ni esclavas de mucho vino. Que enseñen lo bueno,
Tito 2.3 NBLA

Siempre hay alguien que te ha precedido y alguien que va detrás de ti. Es un gran sistema que Dios ha establecido para que podamos aprender y enseñar al mismo tiempo. Hay una mujer en mi vida, Pam, que es claramente una mentora ordenada por Dios para mí. Ha sido una parte fundamental de mi vida desde que tenía catorce años, y ha seguido siendo mi guía espiritual desde entonces. Puedo ser honesta con ella sobre mis luchas, y ella me desafía a hacer lo correcto y a tomar decisiones piadosas. Ella es el ejemplo de una vida cristiana en todos sus ámbitos. Y hay otras que me admiran a mí de manera similar, lo que me inspira a permanecer cerca de Jesús para no defraudarlas.

Es natural que las mujeres se aferren unas a otras; no tenemos que esforzarnos tanto como los hombres. Pero aún así debemos ser intencionales en la búsqueda de ese tipo de relaciones y en su cuidado hasta que se conviertan en algo lleno de confianza y duradero. La mentora adecuada para ti habrá recorrido parte del mismo camino que tú, entenderá tus complejos y tus heridas, no te juzgará por tus debilidades y te inspirará para alcanzar nuevas metas. Su trabajo es velar por ti, orar por ti y decirte la verdad. Y tu trabajo es ser completamente honesta acerca de tus luchas, aceptar su consejo y liderazgo, orar acerca de cómo aplicarlo en tu vida, y luego hacer el trabajo para que suceda.

No es fácil bajar la guardia, pero una vez que lo hagas, te sentirás muy satisfecha con esa relación tan especial.

¿QUÉ PASA?

* ¿A quién consideras como mentora en tu vida? ¿Qué hace que tú respetes y quieras imitarla?

* ¿Quién te admira como mentora en su vida? ¿Hay otras personas a las que les vendría bien tu ayuda, ya sea formal o informalmente?

* ¿Cuáles son algunos aspectos del estilo de vida que puedes tratar para que tu vida sea un mejor ejemplo para quienes te admiran?

PAUTAS DE ORACIÓN

Mañana: Ora para que entre en tu vida una mentora.

Algo parecido a esto...

> *Padre, quiero crecer más cerca de ti y vivir una vida más piadosa como mujer. Por favor, trae a mi vida a alguien que pueda compartir este viaje conmigo y que pueda ayudarme a guiarme en el camino. Amén.*

Tarde: Pídele a Dios que te muestre a las mujeres a las que le gustaría que aconsejes.

Algo parecido a esto...

> *Amado Dios, por favor, muéstrame a las mujeres o niñas en las que te gustaría que derramara mi corazón de*

manera especial. Ayúdame a verlas y a entender sus necesidades. Enséñame a guiarlas hacia ti en todas las cosas. Amén.

Noche: Pídele que te revele las áreas que necesitas reforzar en tu vida para poder ser una fuerte mentora.

Algo parecido a esto...

Jesús, sé que no estoy del todo bien y que tengo un largo camino por recorrer. Por favor, muéstrame las áreas de mi vida en las que quieres que trabaje para que pueda ser la líder que tú quieres que sea. Amén.

Día 12

MONSTRUO DE OJOS VERDES

---

*Pues aún son inmaduros. Mientras haya
entre ustedes celos y contiendas, ¿no serán
inmaduros? ¿Acaso no se están comportando
según criterios meramente humanos?*
1 Corintios 3.3 nvi

¿Recuerdas la historia de David y Saúl? Saúl
estaba tan celoso de David que se propuso
matarlo. No podía deshacerse del control

que los celos tenían en su corazón. Una vez tuve una jefa que estaba tan celosa de las personas a su cargo que saboteaba su trabajo para quedar mejor que ellas. Eso no tenía ningún sentido porque nuestro trabajo era un reflejo directo de ella como gerente, pero ella no podía verlo. Estaba tan empeñada en parecer la única persona capaz de su entorno que acabó destruyéndose a sí misma en el proceso. Ese tipo de comportamiento ilógico comenzó como una pequeña semilla de duda y creció hasta convertirse en una envidia que controlaba su vida.

Los celos siempre conducen a la tragedia. Tal vez no el asesinato, pero definitivamente las relaciones perdidas o dañadas, reputaciones dañadas, la desconfianza y la miseria. Y se convierte en un bloqueo entre nosotras y Dios. Cuando estamos tan atrapadas en otra persona que estamos celosas de ella, no podemos ver la verdad o escuchar la voz de

Dios. Entonces los celos se han apoderado de nosotras.

La mejor manera de deshacerte de los celos en tu vida es hacer el bien a la persona de la que estás celosa. Por ejemplo, si te pones celosa del ministerio de alguien, no seas como Saúl; en lugar de eso, anímala en ello. Incluso puedes dar un paso más y ofrecerte a ayudar. Una vez que lo hagas, verás cómo esas punzadas de celos desaparecen.

¿QUÉ PASA?

✱ ¿Cuándo se han convertido los celos en un problema para ti?

✱ ¿Con qué semillas de celos estás estás lidiando en este momento?

✱ ¿Cuáles son algunas formas de evitar que los celos echen raíces?

PAUTAS DE ORACIÓN

Mañana: Ora para que el Espíritu Santo te haga ver los celos.

Algo parecido a esto...

> *Amado Dios, es tan fácil mirar a nuestro alrededor y desear lo que otros tienen. Por favor, muéstrame la envidia que tengo en mi corazón. Amén.*

Tarde: Pídele a Dios que sane las relaciones dañadas por los celos.

Algo parecido a esto...

> *Querido Jesús, por favor muéstrame dónde he dejado que los celos pongan cuñas o limitaciones en las relaciones de mi vida. Ayúdame*

a restaurarlas a una condición
piadosa confrontando mi propio
pecado y buscando el perdón donde
sea necesario. Amén.

Noche: Ora por la fuerza para animar en lugar de sentir celos.

Algo parecido a esto...

Padre, tú sabes dónde han sido más
fuertes mis celos. Por favor, concé-
deme la gracia de ser una persona
que anime y ayude en lugar de ser
gruñona y codiciosa. Amén.

Día 13

LA CINTA DE LA VIDA

Por último, hermanos, consideren bien todo lo
verdadero, todo lo respetable, todo lo justo, todo
lo puro, todo lo amable, todo lo digno
de admiración, en fin, todo lo que sea
excelente o merezca elogio.
FILIPENSES 4.8 NTV

«Esto nunca va a mejorar». «Nunca voy a ganar
suficiente dinero». «Mi hijo nunca entrará en

la universidad». «Nunca perderé peso». «Es imposible que consiga ese ascenso». Cualquiera que sea el discurso negativo que te grite tu cerebro, probablemente esté en bucle. Los mismos pensamientos, con algunos nuevos a medida que se desarrollan, pasan por tu mente durante todo el día como la cinta de teletipos de Times Square. Es una batalla interminable porque un pensamiento lleva a otro, y el miedo va creciendo hasta alcanzar un crescendo.

Corro triatlones, así que me entreno en natación, ciclismo y carrera. Me encanta nadar y montar en bicicleta, pero correr es mi habilidad menos exitosa. Como necesito más práctica con ella, intento hacerla más a menudo que las otras. En invierno, aquí en el centro de Illinois, correr al aire libre no siempre es una opción, pero, para mí, correr en la cinta es lo peor. No hay progreso, no hay movimiento hacia adelante; es una acción repetitiva, forzada en un lugar, y no hay escape. Cuando corro al aire libre, me siento más libre y disfruto del progreso del cambio de escenario y del movimiento hacia adelante. Eso resume exactamente nuestra vida mental. Cuando permitimos que lo negativo corra constantemente en nuestro cerebro, es como correr en una cinta: no hay progreso hacia adelante, no hay alivio, no hay escape.

Filipenses 4.8 nos dice que fijemos nuestra mente en las cosas positivas de Dios. Déjate llevar, disfruta del paisaje y sigue adelante. No debemos dejar que nuestros temores y luchas desplacen esas verdades. Si le entregamos nuestros pensamientos, la misericordia de Dios cubrirá nuestras mentes y dirigirá nuestros ojos a su gracia.

¿QUÉ PASA?

✳ ¿Cómo son tus patrones de pensamiento negativo? Escribe algunos ejemplos.

✳ Reescribe esos pensamientos en declaraciones positivas.

✳ ¿Cómo puedes disciplinarte para pensar en las cosas loables en lugar de pensar en las negativas?

PAUTAS DE ORACIÓN

Mañana: Ora para que Dios te dé claridad en el día de hoy.

Algo parecido a esto...

> *Amado Dios, hoy no quiero agitar la negatividad. Por favor, ayúdame a ver con claridad cuando empiece a preocuparme o a ser negativa. Detenme en mi camino para que pueda volver mis pensamientos a tus cosas positivas. Amén.*

Tarde: Ora para que Dios proteja tus pensamientos.

Algo parecido a esto...

> *Amado Dios, por favor muéstrame en cada momento que tú estás en el*

trono de cada uno de mis deseos y temores. Permíteme confiar en ti para poder convertir mis temores en alabanza. Evita que la duda se apodere de mí. Amén.

Noche: Pídele a Dios que cambie tus pensamientos por completo.

Algo parecido a esto...

Padre, ahora que veo la necesidad de salir de la rueda de mis pensamientos negativos, ayúdame a dirigir mis pensamientos hacia ti, pensando solo en cosas dignas de alabanza. Amén.

Día 14

GRAN ERROR

Hermanos, si alguien es sorprendido en pecado, ustedes que son espirituales deben restaurarlo con una actitud humilde. Pero cuídese cada uno, porque también puede ser tentado. Ayúdense unos a otros a llevar sus cargas, y así cumplirán la ley de Cristo.

GÁLATAS 6.1-2 NVI

He estado en situaciones en las que he tenido que confrontar a amigos sobre algún pecado o paso en falso en sus vidas o compartir el daño que me habían causado a mí o a otra persona. Por otro lado, también he estado en situaciones en las que mis amigos han tenido que confrontarme con el mismo tipo de cosas. A veces, la verdadera amistad significa decir cosas difíciles. Jesús mostró con su ejemplo que no debemos evitar desafiar a los demás cuando se trata de la justicia. La confrontación nunca es divertida, pero todos necesitamos personas en nuestras vidas que se preocupen por nosotros lo suficiente como para decir lo que hay que decir, incluso si no queremos oírlo.

La noción de que solo porque alguien es cristiano no va a fallar es una de las razones por las que tanta gente acusa a los cristianos de ser hipócritas. Si fuéramos capaces de ser perfectos, no tendríamos necesidad de un Salvador. Así que, dejando de lado esa falacia, podemos sentirnos seguros al confrontar el pecado, si se hace en el nombre de Jesús y se ofrece con suavidad, con amor.

Al final, no importa cuál sea la respuesta de la otra persona, nuestro objetivo debe ser restaurar y animar a nuestros seres queridos a acercarse a Dios erradicando el pecado. El objetivo no es culpar o ni siquiera conseguir que la persona admita su pecado. Es simplemente actuar como una voz del Espíritu Santo y luego dejar que él haga el resto. Asegúrate de haber revisado tus motivos y de tener un corazón limpio en el asunto, de haber sumergido la situación en la oración, de haberte acercado a la persona con amor y de haberla dejado en las manos de Dios.

¿QUÉ PASA?

* ¿Cuándo es bueno corregir a alguien por su pecado?

* ¿Cómo puedes ofrecer la corrección de una manera piadosa?

* ¿Hay alguien a quien necesitas confrontar en tu vida ahora mismo? Escribe algunos puntos para darle una estructura y un objetivo a la conversación.

PAUTAS DE ORACIÓN

Mañana: Ora para que tu corazón esté abierto a la corrección.

Algo parecido a esto...

> *Amado Dios, quiero crecer y aprender a vivir una vida más justa. Por favor, ablanda mi corazón y haz que esté abierto a la corrección. Dame discernimiento para saber cuándo el mensaje que me traen viene de ti. Amén.*

Tarde: Pídele a Dios que te ayude a ver dónde los demás necesitan orientación en su camino.

Algo parecido a esto...

> *Amado Dios, me preocupo por mis amigos y seres queridos y quiero*

ayudarlos a acercarse a ti haciendo que su estilo de vida y sus elecciones estén más en línea con tu voluntad. Ayúdame a ver dónde tengo que intervenir y ofrecer una palabra de corrección. Amén.

Noche: Ora para que tu corazón sea correcto. Algo parecido a esto...

Dios, dame discernimiento para saber cuándo hablar, humildad para asegurarme de que mi corazón está bien antes de hacerlo y confianza para caminar audazmente contigo en el proceso. Amén.

Día 15

RAÍCES DE LA AMARGURA

Temblad, y no pequéis; meditad en vuestro corazón estando en vuestra cama, y callad.
SALMOS 4.4 RVR 1960

Suelo ser bastante tranquila y, por lo general, puedo manejar bastante bien las grandes tensiones. Pero las pequeñas cosas se acumulan y me llevan al punto de la ira. Puedo lidiar con que mi hijo se meta en problemas en la escuela, lidiar con que una amiga diga cosas malas de mí, lidiar con una persona de servicio al cliente deshonesta, y estar bien. Pero si me encuentro en el tráfico y alguien me corta el paso, la ira se desborda. No es que la situación de tráfico haya sido peor que las demás, simplemente ha ocurrido en el momento perfecto, después de que todo el resto se haya acumulado hasta desbordarse. Y entonces, una vez que se desata, me resulta difícil controlar esa ira porque todo lo demás sube a la superficie.

Poner a un lado nuestras emociones permite que hiervan lentamente hasta convertirse en amargura. Es mucho mejor lidiar con nuestros sentimientos en oración a medida que ocurren para que no puedan echar raíces y causar un desborde. El salmo 4.4 muestra que está bien estar enfadada siempre y cuando no pequemos. El pecado podría manifestarse en forma de odio, venganza, maldición u otros comportamientos que van en contra del corazón de Dios. En cambio, este versículo tranquilizador dice: «Tranquila, medítalo cuando estés en la cama y no digas cosas de las que te puedas arrepentir». Esto no significa que nunca debas confrontar a la persona que te ha hecho daño, por supuesto; hay otros versículos que te dicen cuándo y cómo hacerlo. Este solo trata de tu respuesta inicial a la ira.

Cuando hago esto, me doy cuenta de que me acerco a Dios porque mi corazón está rendido a él. Soy dueña de mis emociones, le entrego la situación a él y la dejo. Es mucho más liberador que albergar un resentimiento que luego hay que resolver. Deja que él transforme tu corazón y cambie tu enfoque con respecto a tu ira.

¿QUÉ PASA?

* ¿Cuándo has tenido un enfoque injusto de la ira y cómo resultó?

* ¿Cuál es tu enfoque natural de la ira y el resentimiento?

* ¿Cómo puedes cambiar tus hábitos y procesar la ira de una manera más correcta?

PAUTAS DE ORACIÓN

Mañana: Ora para que Dios abra tu corazón hoy para sentir tus emociones.

Algo parecido a esto...

> *Amado Dios, ayúdame a ver mis necesidades emocionales y a tratarlas en cada momento en lugar de dejar que se acumulen. Muéstrame cuándo necesito dejarlo a un lado, y ayúdame hoy a no dejar que la amargura eche raíces en mi corazón. Amén.*

Tarde: Pídele que te muestre la amargura y la falta de perdón en tu corazón.

Algo parecido a esto...

> *Amado Dios, hay algunas cosas de mi pasado reciente y lejano a las que*

sé que me estoy aferrando. Por favor, muéstrame cuáles son, y ayúdame a comenzar el proceso de lidiar con ellas. Amén.

Noche: Pídele que te dé la fuerza para perdonar de verdad a los que te han hecho daño.

Algo parecido a esto...

Padre, el dolor es real y las personas me han herido. ¿Podrías mostrarme el camino correcto y el momento adecuado para confrontar cuando lo necesite y darme la paz para dejarlo a un lado cuando sea necesario? Sana mi corazón de la falta de perdón. Amén.

Día 16

ÉL TE VE

Como el Señor le había hablado, Agar le puso
por nombre «El Dios que me ve», pues se decía:
«Ahora he visto al que me ve».
GÉNESIS 16.13 NVI

Hubo un período de mi vida en el que parecía
que todo iba mal. Las cosas se rompían en mi
casa, mi trabajo estaba en peligro, mi matri-
monio estaba fracasando, mis hijos estaban

pasando por momentos difíciles... una cosa tras otra, y me sentía tan sola. Me sentía insignificante y con miedo. Por primera vez en toda mi vida, me sentía lejos de Dios.

Estaba en la iglesia un domingo durante este período oscuro y una maravillosa mujer de Dios se acercó a mí. Sin decir una palabra al principio, puso sus manos en mi cara y me miró a los ojos. Luego dijo: «El Señor quiere que sepas que te ve y te aprueba». Luego dejó caer sus manos y se alejó. Me quedé allí, clavada en mi sitio, con las lágrimas cayendo por mi cara mientras me daba cuenta de dos cosas: una, que Dios estaba allí conmigo, sosteniendo mi mano, consciente de todo lo que estaba pasando; dos, era lo suficientemente importante para él como para encontrar a alguien que me lo dijera. Esos sentimientos de insignificancia se desvanecieron al recordar que soy una hija amada de Dios.

Esto también es cierto para ti. Él posa sus manos en tu rostro, te mira a los ojos, te dice que te ve en medio de lo que sea que estés pasando. Quiere que sepas que él ve las horas extras que dedicas al trabajo o a la casa. Él ve los sacrificios que haces para poder dar y hacer por los demás. Él escucha el anhelo de tu corazón por cosas que aún no se han realizado. Él está justo ahí, en medio de todo esto contigo, con un plan para trabajar todo junto para su bien en tu vida. Él te ve.

¿QUÉ PASA?

* Describe algunos momentos
  en los que te has sentido sola o
  insignificante.

* Mirando hacia atrás, describe cómo
  puedes darte cuenta ahora de que
  Dios te vio y te amó.

* Piensa en tus amigos y familiares.
  ¿Quién necesita oír que Dios los ve?

PAUTAS DE ORACIÓN

Mañana: Ora para que Dios se te revele hoy. Algo parecido a esto...

> *Amado Dios, me siento muy sola. Me gustaría sentir tu tacto, tu presencia hoy, de una nueva manera. Ayúdame a recordar que tú nunca me dejarás ni me abandonarás. Amén.*

Tarde: Dale las gracias por caminar a tu lado. Algo parecido a esto...

> *Amado Dios, gracias por ser el Dios que me ve y conoce mis necesidades. Sabes todo lo que me preocupa y todo lo que he pasado. Gracias por estar cerca de mí y no dejarme nunca sola. Amén.*

Noche: Pídele que te use para compartir su mensaje.

Algo parecido a esto...

> *Padre, el pensamiento de que tú ves a tus hijos justo donde están y que comprendes sus necesidades es un mensaje muy poderoso. Ese pensamiento me ha sanado de muchas cosas. Por favor, ayúdame a conocer a una hermana en Cristo que necesita escuchar esas palabras. Amén.*

Día 17

¿TIPO A?

*El ser humano concibe proyectos,
lo que prevalece es la decisión del Señor.*
PROVERBIOS 19.21 BLPH

Las decisiones difíciles y los momentos de estrés nos muestran lo que realmente creemos sobre Dios y su papel en nuestras vidas. Afrontémoslo, muchas mujeres tienen la tendencia a limitarse de ocuparse de los asuntos.

Lo hacemos. A menudo he dicho que prefiero tomar una mala decisión que no tomar ninguna porque realmente me desagradan los asuntos sin concluir. Nuestra intención es buena, de verdad. Simplemente pensamos que es más fácil asumir la carga que buscar ayuda externa. Y dejamos de lado a Dios para las cosas que no podemos manejar, mientras que el resto lo hacemos por nuestra cuenta. Pero cuando ponemos nuestra fe en Cristo, tenemos que renunciar al control y confiar en que él nos guíe.

Piensa en un día típico de tu vida. Limpiar, trabajar, cocinar, pagar las facturas, hacer de chofer, ser hospitalaria... ¿Qué parte de tu vida está impulsada por tu necesidad de tener éxito, de obtener la aprobación exterior, de ser menos una carga para los demás, de mantener un hogar feliz? Todas esas razones, aunque bien intencionadas, te llevan a conducir tu tren a toda velocidad hacia la ladera de una montaña. Es imposible que todo eso siga avanzando a un ritmo saludable, así que al final se estrellará y arderá y dejará un enorme desastre.

Las personas del tipo A son muy fuertes y motivadas. Esos son grandes rasgos dados por Dios que le dan gloria a él cuando se usan apropiadamente. Puede que el plan de Dios para ti no encaje con tu agenda diaria, pero cuanto más dejes de lado los detalles de tu vida, más verás lo fiel que es él.

¿QUÉ PASA?

* Analiza tu agenda y tu lista de cosas por hacer. ¿Cuántas cosas hay en ella debido a tus decisiones y no a la dirección de Dios?

* ¿En qué ocasiones has controlado una situación que deberías haber dejado en manos de Dios?

* Escribe una oración de renuncia, dejando que Dios tome el control de tus situaciones concretas.

PAUTAS DE ORACIÓN

Mañana: Renuncia a tu lista de tareas por hacer.

Algo parecido a esto...

> *Señor, mi día es tuyo. Suelto el control sobre mi agenda y te lo entrego para que me guíes por el camino que tienes hoy para mí. Ayúdame a escucharte claramente mientras me guías. Amén.*

Tarde: Pídele que te perdone por haberle exprimido cuando la presión te supera.

Algo parecido a esto...

> *Amado Dios, al prestar atención a mis tendencias, veo que tiendo a dejarte de lado cuanto más ocupada estoy. Por favor, ayúdame a acercarme a ti en lugar de alejarme*

mientras afronto mi agenda diaria.
Amén.

Noche: Pídele que te revele dónde ha estado obrando.

Algo parecido a esto...

Padre, por favor ayúdame a apren-
der de los cambios que estoy haciendo.
Muéstrame las formas en que me
guiaste a cosas mejores cuando solté las
riendas. Ayúdame a soltarlas completa-
mente mañana. Amén.

Día 18

QUE BRILLE

Ustedes antes vivían en la oscuridad, pero ahora, por estar unidos al Señor, viven en la luz. Pórtense como quienes pertenecen a la luz.
EFESIOS 5.8 DHH

Algunos días parece inútil tratar de vivir una vida semejante a la de Cristo entre mis vecinos, amigos, compañeros de trabajo e incluso mi familia extendida. Entre la pornografía, el mal lenguaje, la vestimenta poco modesta, la violencia, la agresión, el abuso de sustancias, el aborto y todas las demás cosas culturales que van en contra de la Palabra de Dios, puede parecer que las mujeres no tenemos ninguna posibilidad de ser una voz para el doloroso mundo que nos rodea.

Entonces, ¿levantamos los brazos en señal de derrota y aceptamos que nada de lo que hagamos cambiará las cosas? Por supuesto que no. La última parte de ese versículo nos dice exactamente lo que debemos hacer. Debemos actuar como personas de luz. Tenemos que vivir la verdad y hacer brillar la luz de Jesús. Quizás para ti esto signifique alejarte de las redes sociales y centrarte más en la realidad que te rodea. Tal vez signifique que cambies tu propio estilo de vida para que tu testimonio tenga más peso. O tal vez signifique que recargues tus baterías con más estudio de la Biblia y oración para que tu luz brille más que nunca.

El mundo es un lugar aterrador a veces, y a veces nuestros esfuerzos parecen inútiles, pero definitivamente se pierde el 100 % de las oportunidades que no se aprovechan. Si no haces nada, no verás absolutamente ningún resultado. Pero si te expones y aprovechas la oportunidad de brillar para Jesús por obediencia a él, él puede marcar la diferencia a través de ti.

¿QUÉ PASA?

* ¿Cuánto brilla tu luz en este momento?

* ¿Qué problemas te hacen querer esconder tu luz en un rincón y no molestarte en intentarlo?

* ¿De qué manera puedes brillar más y marcar la diferencia?

PAUTAS DE ORACIÓN

Mañana: Ora para que Dios haga brillar tu luz.

Algo parecido a esto...

> *Amado Dios, últimamente mi fe se*
> *siente débil. Sé que mi corazón es*
> *débil. Por favor, dame fuerzas con un*
> *nuevo enfoque y energía para brillar*
> *para ti. Amén.*

Tarde: Pídele a Dios que mantenga tu luz encendida durante todo el día.

Algo parecido a esto...

> *Dios mío, a medida que avanza el*
> *día, siento que mi llama se apaga.*
> *Es descorazonador ver a la gente tan*
> *poco interesada en la fe. Dame una*
> *visión de tus planes para que pueda*

iluminar el mundo que me rodea.
Amén.

Noche: Pídele que te muestre cómo.
Algo parecido a esto...

Padre, estoy abierta a lo que tú tienes
para mí o quieres de mí. Por favor,
muéstrame la dirección que quieres
que tome, y lo haré con un corazón
feliz. Amén.

Día 19

MEDIO VACÍO

Ahora vuelvo a ti, pero digo estas cosas mientras todavía estoy en el mundo, para que tengan mi alegría en plenitud.
JUAN 17.13 NVI

«Llénelo hasta la mitad», le dices a la mesera mientras sostiene la humeante jarra de café sobre tu taza vacía. ¿Te has dado cuenta de que las meseras rara vez se detienen en la marca de la mitad? Se pasan de la mitad en un esfuerzo por parecer generosas y asegurarse de que tienes lo que realmente quieres. ¿Y no haces tú lo mismo con tus invitados? No quieres que se sientan apurados para irse o como si no tuvieras gracia, así que te pasas: prefieres derrochar en ellos que dejarlos con ganas de más o que se sientan empujados a irse demasiado pronto.

¿Y si aplicáramos esa verdad a las luchas en nuestras relaciones con los demás? Buscaríamos más bien formas de bendecir cuando nuestro amigo o cónyuge dice: «No, está bien. Estoy bien». Presionaríamos y nos aseguraríamos de ofrecer una medida completa de amistad, no solo llenar su copa a medias.

Cuando se trata de nuestra relación con Dios, él quiere derramar grandes dosis de gracia y bondad hasta que nuestra copa rebose. Si se lo permitimos. Pero a veces mantenemos nuestras manos sobre nuestra copa, limitando lo que recibiremos de él. A veces nos mantenemos demasiado ocupadas; no le damos la oportunidad a Dios de trabajar. A veces lo limitamos al rendirnos demasiado pronto, antes de que se produzca el avance. Si tu mano está bloqueando su bendición por algo que estás haciendo o no estás haciendo, es tiempo de moverte a esa posición lista, expectante por lo que el Señor hará.

¿QUÉ PASA?

✳ ¿Cuáles son algunos de los regalos que Dios quiere darte?

✳ ¿De qué manera estás poniendo la mano sobre tu copa, limitando los dones de Dios?

✳ ¿Cómo puedes posicionarte mejor para recibir todo lo que él te ofrece?

PAUTAS DE ORACIÓN

Mañana: Ora para que Dios te ayude a ver dónde lo estás limitando.

Algo parecido a esto...

> *Amado Dios, no sé cómo me estoy interponiendo en el camino de tu plenitud. Por favor, muéstrame qué acciones hago o qué pensamientos tengo que se interponen en el camino. Amén.*

Tarde: Pídele a Dios que te abra para recibir.

Algo parecido a esto...

> *Amado Dios, quiero recibir la plenitud de tu gozo y cualquier otro regalo que tengas para mí. Por favor, ayúdame a abrir mi corazón y mi vida para recibir de ti. Amén.*

Noche: Pídele que te perdone por las veces que lo alejaste.

Algo parecido a esto...

> *Querido Jesús, perdóname por las formas en las que he bloqueado lo mejor que tenías para mí. Ayúdame a ver las formas en las que impido que mi copa se llene a rebosar con todo lo que necesito para tener lo mejor de ti. Estoy lista para recibir todo lo que tienes para mí. Amén.*

Día 20

LIDIAR CON EL DOLOR

*El Señor está cerca de los quebrantados
de corazón, y salva
a los de espíritu abatido.*
Salmos 34.18 nvi

Hermana, está bien llorar. Está bien ser real. Tus hombros son fuertes, pero nunca fueron concebidos para soportar solos el yugo del dolor. Tus miedos y tu dolor están cerca del corazón de Dios, y él creó una comunidad para ayudarte a llevar la carga.

No tengas miedo de hacer saber a tus amigos cercanos a qué te enfrentas. No importa si eres líder en tu iglesia, la esposa del pastor o la misma pastora. Eres humana y se te promete enfrentar luchas de todo tipo en esta vida. Nadie cree que seas inmune. Además, cuando eres transparente sobre lo que estás pasando, eso hace que otras personas se sientan mejor sobre sus propias situaciones y dolor.

Pero, en medio de la situación a la que te enfrentas, aférrate a tus valores fundamentales. No dejes que la crisis continua te desgaste. ¿Creías antes que Dios te conocía hasta el número de cabellos de tu cabeza? Todavía lo hace.

Nunca te rindas. Sigue avanzando y no te alejes de las cosas buenas de tu vida. Enfréntate a ellas, admite tus luchas y acepta el crecimiento. Prueba cosas nuevas cuando las viejas no funcionen. Sigue con las cosas que sabes que están bien. Eventualmente este momento oscuro pasará, y habrás crecido más cerca de Jesús porque decidiste confiar en él y apoyarte en él en el dolor.

¿QUÉ PASA?

✳ Empieza a escribir en un diario. Esboza lo que sientes.

✳ ¿Qué dolores o problemas has mantenido ocultos por miedo a ser auténtica?

✳ Escribe el nombre de alguien en quien puedas confiar. Ahora, escribe las palabras que podrías utilizar para compartir tu carga.

PAUTAS DE ORACIÓN

Mañana: Ora para que Dios te dé valor para ser vulnerable.

Algo parecido a esto...

> *Amado Dios, la vulnerabilidad es*
> *difícil en este mundo cuando parece*
> *que todo el mundo juzga. Por favor,*
> *ayúdame a confiar en los demás para*
> *que pueda ser auténtica y ayudarlos*
> *a aprender a través de la forma en*
> *que afronto los momentos difíciles.*
> *Amén.*

Tarde: Pídele que te fortalezca para tu lucha.

Algo parecido a esto...

> *Amado Dios, hay cosas que me pesan*
> *mucho. Por favor, ayúdame a ser*
> *fuerte cuando afronto mis retos y*

confío en ti para satisfacer mis nece-
sidades. Amén.

Noche: Pídele que desarrolle en ti la autenticidad a largo plazo.

Algo parecido a esto...

Padre, creo que la transparencia es,
en última instancia, honestidad.
Ayúdame a confiar en ti lo suficiente
como para poder ser transparente
con los demás, dejándoles ver mi
debilidad para que puedan ver tu
poder. Amén.

Día 21

RETÍRALO

El que tiene cuidado de lo que dice,
nunca se mete en aprietos.
PROVERBIOS 21.23 DHH

¿Alguna vez has dicho algo que has deseado
retirar de inmediato?

Sí, yo también. A mis hijos, a mi marido,
a mis amigos y a mis compañeros de trabajo,
entre otros. En cuanto sale de mis labios un

comentario sarcástico o una pregunta grosera, me arrepiento. A veces tengo la capacidad de disculparme inmediatamente y corregir la situación; otras veces me lleva mucho más tiempo. Pero entonces me preocupo: ¿cuántas cosas buenas hacen falta para anular esa mala? ¿Es posible compensarlo? ¿Será esto lo que mi hijo lleve a su edad adulta? ¿La autoestima de mi hija quedará destrozada para siempre por ese comentario que hice? ¿Me perdonará alguna vez mi amiga? ¿Tendrá ahora esa mesera un mal día? Esas son las preguntas que me hago cuando meto la pata.

Tú también, ¿no?

Las palabras que se nos escapan de la lengua en momentos de precipitación pueden hacer mucho daño. Tenemos que controlar nuestra boca. Es tan importante que Dios lo aborda una y otra vez en las Escrituras. Hay poder en nuestras palabras habladas. El poder de dar vida y esperanza a alguien o el poder de destruirlo. Nuestras palabras pueden impartir seguridad y confianza, ayudando a formar una expectativa de éxito personal. O pueden hacer tambalear los cimientos de nuestra autoestima y provocar dudas y bajas expectativas.

Y cuando metamos la pata, porque lo haremos, dos pequeñas palabras sirven de mucho: lo siento. Pide disculpas tan pronto como te des cuenta de que has hablado mal. El reconocimiento y el remordimiento contribuyen en gran medida a reparar el daño causado por las palabras hirientes.

¿QUÉ PASA?

* ¿Cuándo tus palabras han causado daño a una relación?

* ¿Cómo lo has afrontado?

* ¿Cómo puedes controlar mejor tu lengua en el futuro?

PAUTAS DE ORACIÓN

Mañana: Ora para que Dios te ayude a controlar tu discurso.

Algo parecido a esto...

> *Amado Dios, al abordar este día, ayúdame a controlar mi lengua y a estar consciente de los sentimientos de los demás. Ayúdame a decir solo cosas edificantes. Amén.*

Tarde: Ora para tener oportunidades de animar.

Algo parecido a esto...

> *Amado Dios, en lugar de derribar a los demás, dame la oportunidad de edificarlos con mis palabras. Ayúdame a ver en sus corazones y a comprender sus necesidades. Amén.*

Noche: Pídele que te ayude a declarar su obra con tus palabras.

Algo parecido a esto...

Jesús, ayúdame a controlar mi lengua. Haz que las cosas que diga transmitan confianza y esperanza en ti. Deja que mis palabras sean una luz que solo dirija a la gente hacia ti. Amén.

Día 22

MANTENERSE AL DÍA

Y, dirigiéndose a los demás, añadió:
—Procuren evitar toda clase de avaricia,
porque la vida de uno no depende
de la abundancia de sus riquezas.
LUCAS 12.15 BLPH

¿La vida no consiste en la abundancia de tus posesiones? Entonces, ¿por qué parece que la gente se mide por el tamaño de su casa o los lujos de su auto o la cantidad de vacaciones que tiene o las ropas y joyas que lleva? Sea lo que sea que tengamos, no es suficiente: siempre hay una versión más nueva de un dispositivo electrónico o una razón para mejorar la casa o el auto. Y para quienes luchan por llegar a fin de mes, ese afán por obtener posesiones materiales para encajar suele conducir a montañas de deudas.

Entonces, ¿cómo podemos combatir nuestro propio impulso de tratar de estar a la altura de los demás? Gran parte de este problema se reduce al derecho, la inseguridad y la incapacidad de vivir con deseos insatisfechos. La primera línea de defensa contra la trampa material es reconocer que ninguna posesión o cosa es un derecho. El hecho de que trabajes duro no significa que «merezcas» un Mercedes como el que tienen los vecinos. En segundo lugar, reconoce que gran parte de la necesidad percibida de estar a la altura de tus vecinos está impulsada por la inseguridad. «Si no manejo un gran auto, pensarán que no tengo éxito». «Si no llevo a mis hijos a Disney World una vez al año, pensarán que estamos arruinados». La respuesta sencilla es, ¿y qué? Pero, en realidad, no piensan eso en absoluto. De hecho, lo más probable es que estén luchando contra las deudas y soñando despiertos sobre cómo habría sido la vida si no hubieran tomado decisiones financieras esclavizantes. En tercer lugar, no te preocupes por el deseo. Está bien querer cosas. No está bien pecar para conseguirlas (deudas, exceso de trabajo, etc.).

Las mayores riquezas que puedes tener se encuentran en la gracia de Jesucristo. No hay nada en la tierra que pueda satisfacer como Su misericordia en tu vida. Vuélvete a él para obtener una plenitud eterna que nunca se desvanecerá.

¿QUÉ PASA?

✳ ¿Sientes que mereces cosas materiales? ¿Por qué?

✳ Haz una lista de las cosas que posees ahora o que has poseído en el pasado y que te han esclavizado.

✳ ¿Cómo puedes aplicar los principios divinos a tus decisiones financieras?

PAUTAS DE ORACIÓN

Mañana: Ora para que Dios te muestre sus riquezas.

Algo parecido a esto...

> *Amado Dios, gracias por tu gracia y misericordia. Por favor, recuérdame hoy que tu bendición eterna es mucho mayor que cualquier recompensa terrenal. Amén.*

Tarde: Pídele a Dios que te muestre dónde poner tus recursos.

Algo parecido a esto...

> *Amado Dios, tú sabes que he estado deseando ese nuevo [ecríbelo en este blanco], pero estoy de acuerdo si tú dices que no. Ayúdame a saber dónde*

poner mis recursos para bendecir a
otros. Amén.

Noche: Pídele que te revele las cosas que estás
sujetando con demasiada fuerza.

Algo parecido a esto...

> *Jesús, por favor ayúdame a ser una*
> *buena administradora de las ben-*
> *diciones que me has dado. Ayúdame*
> *a soltar mis cosas para que puedas*
> *usarlas para tu gloria. Amén.*

Día 23

ORACIONES DE FE

---

*Por nada estéis angustiados, sino sean
conocidas vuestras peticiones delante de
Dios en toda oración y ruego, con acción de
gracias. Y la paz de Dios, que sobrepasa todo
entendimiento, guardará vuestros corazones y
vuestros pensamientos en Cristo Jesús.*
FILIPENSES 4.6-7 RVR 1995

Según la Palabra de Dios, no hay nada por lo
que debas preocuparte. Eso significa que no

debes angustiarte, temer, frustrarte, estresarte... ¿Es eso posible? SÍ. El remedio para la ansiedad es la oración y dar a conocer cada necesidad al Señor. Cuando lo haces, no se te garantiza un viaje placentero de ninguna manera, pero se te promete el regalo de la paz perfecta de Dios en tu situación, y Dios nunca se retracta de una promesa. Tu entrega a él en oración es como un canal para su paz y provisión.

Puedes ver la fiel provisión de Dios en cada situación que enfrentas, si la buscas. Cada vez que pensaste que habías tocado fondo y clamaste a él, él te escuchó y te sacó del pozo. Una vez, estaba luchando mucho como madre soltera. Estaba sola, criando a mis hijos sin ayuda financiera, y simplemente luchando. Recuerdo bien el momento. Estaba en mi auto manejando hacia mi casa, y pensé en un pago de quinientos dólares que me debían desde hacía dos años. Oré exactamente lo siguiente: «Bien, Dios, tú conoces mis necesidades y sabes dónde está ese cheque en este planeta. ¿Podrías ponerlo en mi buzón? ¿Por favor?». Cuando llegué a casa, miré el correo y allí estaba.

Cuando surgen ansiedades en tu hogar, ¿qué aspecto tiene el escenario? ¿Las emociones están a flor de piel, con las voces alzadas? ¿Está presente la oración por la paz de Dios? Crea un nuevo plan para manejar el estrés en tu familia haciendo que la oración verbal instantánea sea una práctica. Coloca en tu casa textos como Filipenses 4.6-7 o 1 Tesalonicenses 5.16-18 como recordatorio del enfoque que Dios desea para manejar el estrés, para que la paz de Dios gobierne en lugar de la ansiedad.

¿QUÉ PASA?

* ¿Cuándo ha respondido Dios a tu oración de la manera que esperabas?

* ¿En qué momento su respuesta ha sido diferente a la que esperabas, pero claramente mejor?

* Escribe una oración de expectativa mostrando a Dios un corazón rendido que confía en que la oración será contestada.

PAUTAS DE ORACIÓN

Mañana: Ora por más confianza en él.
Algo parecido a esto...

> *Amado Dios, por favor, ayúdame a confiar en ti con mis necesidades el día de hoy. Quiero confiar en ti y creer que me escuchas. ¿Podrías mostrármelo? Amén.*

Tarde: Ora por otra persona.
Algo parecido a esto...

> *Amado Dios, tú sabes lo que le pasa a [insertar nombre]. Por favor, ayuda a mi amiga a confiar en ti. Permite que esta situación sea utilizada para tu gloria. Amén.*

Noche: Ora por necesidades específicas. Algo parecido a esto...

> *Amado Dios, me parece extraño pedirte las cosas que necesito porque tú ya las sabes. Pero, en obediencia, acudo a ti con mis necesidades específicas. [Enuméralas.] Amén.*

Día 24

ATESORA SU PALABRA

En mi corazón atesoro tus dichos
para no pecar contra ti.
SALMOS 119.11 NVI

Cuando estudiamos la Palabra de Dios, aprendemos más sobre él y lo que quiere para nosotros. Aprendemos sobre su historia y sus promesas. Y hacemos crecer nuestra fe al ver lo que él ha hecho. Mientras meditamos en ella, recibimos su sabiduría específica hacia nosotros mientras él habla en nuestras circunstancias. Luego hay un nivel aún más profundo de intimidad que nos invita a memorizar sus palabras.

He estudiado las Escrituras durante años y años. He estudiado minuciosamente los manuscritos y las concordancias. He leído en los idiomas originales para asegurarme de que no me pierdo nada. Y, en el proceso, muchos de esos textos bíblicos se han quedado en mi corazón. Algunos de ellos porque los he escuchado en las predicaciones y los he leído yo misma con la suficiente repetición como para memorizarlas. Otros versículos me hablaron tan fuerte que me propuse memorizarlos.

La hija de un amiga fue secuestrada cuando volvía a casa de la escuela secundaria hace muchos años. Fue atacada físicamente y violada. Durante todo el tiempo que duró el asalto, ella recitaba los versículos que había memorizado desde el preescolar. Dijo que eso la sacó del momento y la puso en manos de Jesús. Estaba guardada en su corazón y estaba allí para consolarla y darle paz en su momento de mayor necesidad.

Guarda la Palabra en tu corazón para que lo conozcas bien y puedas invocar sus promesas en tus momentos de necesidad.

¿QUÉ PASA?

∗ ¿Cómo estudias la Palabra?

∗ ¿Qué beneficio puedes obtener de memorizar las Escrituras?

∗ Elige un versículo para memorizar, escríbelo tres veces y luego recítalo hasta dejarlo guardado en tu corazón.

PAUTAS DE ORACIÓN

Mañana: Di una primera oración de la Biblia.
Por ejemplo...

> *«Padre nuestro que estás en el cielo,*
> *santificado sea tu nombre, venga tu*
> *reino, hágase tu voluntad en la tierra*
> *como en el cielo. Danos hoy nuestro*
> *pan cotidiano. Perdónanos nuestras*
> *deudas, como también nosotros hemos*
> *perdonado a nuestros deudores. Y*
> *no nos dejes caer en tentación, sino*
> *líbranos del maligno».*
> (Mateo 6.9–13 NVI)

Tarde: Di una segunda oración de la Biblia.
Por ejemplo...

> *«Muchos son, SEÑOR, mis enemigos;*
> *muchos son los que se me oponen, y*

muchos los que de mí aseguran: "Dios
no lo salvará". Pero tú, SEÑOR, me
rodeas cual escudo; tú eres mi gloria;
¡tú mantienes en alto mi cabeza!».
(Salmos 3.1–3 NVI)

Noche: Di una tercera oración de la Biblia.
Por ejemplo...

«"Bendíceme y ensancha mi territo-
rio; ayúdame y líbrame del mal,
para que no padezca aflicción".
Y Dios le concedió su petición».
(1 Crónicas 4.10 NVI)

Día 25

CRISIS DE IDENTIDAD

Entre los cuales están también ustedes,
llamados de Jesucristo.
Romanos 1.6 nbla

¿Eres mujer, esposa, madre, hermana, hija, amiga, compañera, empleada...? ¿Todo lo anterior? Esos títulos se adaptan a las etapas de la vida, a medida que tus funciones cambian y te conviertes en cosas diferentes para diferentes personas y para ti misma. Algunas de esas épocas son difíciles, y otras son muy satisfactorias. Algunas son ambas cosas.

Hay una identidad que nunca cambia. Es tu verdadero papel en la vida y en la eternidad. Y no se basa en un papel que ocupes o en un título que tengas. Eres la llamada de Jesucristo. Me encanta esta frase. Él no solo te llamó, tú eres la persona llamada. Tu papel como hija amada de Dios es eterno y no se basa en las circunstancias, el tiempo o en otras personas.

Comienza a verte como él te ve. Esto hará que tu propósito sea mucho más claro, y tus funciones adquirirán un nuevo significado. No es necesario que haya dolor cuando una etapa de la vida pasa a la siguiente, ni tampoco debe haber añoranza de la siguiente etapa o de los tiempos pasados. Eres una hija de Dios. Tu verdadera identidad nunca cambiará.

¿QUÉ PASA?

* ¿Qué papeles te han proporcionado más placer en cualquier momento de tu vida? ¿Por qué?

* ¿Qué funciones te resultan más desafiantes ahora o en el pasado? ¿Por qué?

* ¿Qué significa para ti ser una persona llamada por Dios?

PAUTAS DE ORACIÓN

Mañana: Ora para que Dios te muestre hoy tu verdadera identidad.

Algo parecido a esto...

> *Amado Dios, ayúdame a reconocer*
> *quién soy en ti. Ayúdame a verme*
> *a mí misma de la manera en que tú*
> *lo haces y a moverme con valentía*
> *a través de mi día gracias a eso.*
> *Amén.*

Tarde: Pídele a Dios que te ayude a poner en perspectiva tus distintas funciones.

Algo parecido a esto...

> *Amado Dios, el día se complica*
> *y las cosas que hago se vuelven*
> *más importantes que lo que soy.*

*Ayúdame a centrarme en lo que
es más importante, y a dejar que
el resto quede por detrás de lo que
realmente soy. Amén.*

Noche: Dale las gracias por haberte llamado.
Algo parecido a esto...

*Padre, gracias por hacerme parte
de aquellos que han sido llamados.
Ayúdame a usar esa identidad para
tu gloria y para el avance de tu
reino. Amén.*

Día 26

REÍR AL FINAL

El corazón alegre constituye buen remedio;
mas el espíritu triste seca los huesos.
PROVERBIOS 17.22 RVR 1960

Al recordar la semana pasada, no estoy muy orgullosa de la cantidad de tiempo que dediqué a relajarme y reír con mis amigos y mi familia. Hubo algo, claro. Pero no lo suficiente. Definitivamente, hubo algunos trastornos y traumas personales que afectaron a mi capacidad para soltarme y disfrutar del momento. Además, todo se precipitó, y hubo muchos suspiros por mi parte. No me dediqué muchos momentos para estar en paz con mis seres queridos.

A mis hijas les encanta ir corriendo a la tienda conmigo porque saben que esos momentos van a ser ininterrumpidos y que pronto nos reiremos de alguna tontería mientras compramos artículos de última hora para la cena o cualquier otra cosa que estemos buscando. Nos reímos mucho cuando pasamos tiempo juntos lejos de toda la presión. Incluso en esos pequeños momentos como ir corriendo a la tienda. La risa es como la música del hogar. Nos une en la relación como ninguna otra cosa puede hacerlo, y los chistes entre nosotras son como el pegamento.

Siempre me arrepiento de estas semanas atestadas cuando las recuerdo. No recuerdo con mucho cariño ni un solo momento de ajetreo innecesario que hayamos soportado. Es en la alegría y la risa donde se crean los verdaderos recuerdos. Debemos planificar con antelación para llenar nuestros hogares de descanso, paz y alegría. La guerra contra nuestros horarios debe ser intencionada, y no podemos hacerla solas.

¿QUÉ PASA?

* ¿Cuándo las circunstancias de la vida te han deprimido tanto que has dejado de reír?

* ¿Qué tensiones actuales te dificultan estar alegre?

* ¿Cómo puedes convertir tus suspiros en risas durante esta semana y en adelante?

PAUTAS DE ORACIÓN

Mañana: Ora para que Dios te ayude a priorizar el día de hoy.

Algo parecido a esto...

> *Jesús, te entrego mi agenda. Dejo mis expectativas autoimpuestas de la jornada para poder vivir el momento con paz y alegría. Amén.*

Tarde: Pídele que te ayude a disfrutar de tus seres queridos.

Algo parecido a esto...

> *Amado Dios, gracias por los amigos y la familia con los que me has bendecido. Ayúdame a disfrutar de ellos a través del humor y a atesorar nuestros momentos de risa. Amén.*

Noche: Pídele que prepare tu corazón para mañana.

Algo parecido a esto...

Padre, hoy hubo algunos puntos brillantes, pero definitivamente hubo momentos en los que dejé que el estrés me pusiera de mal humor o triste. Por favor, haz que mañana sea un nuevo día en el que me despierte renovada y dispuesta a reír. Amén.

Día 27

EROSIÓN SUTIL

Sométanse, pues, a Dios y resistan al diablo,
que no tendrá más remedio que huir.
SANTIAGO 4.7 BLPH

Mirando hacia atrás, veo momentos en los que he caminado tan cerca de Dios que apenas podía ver nada más a mi alrededor. Luego hubo otras veces en las que dejé que la vida —el horario, el pecado, las emociones— lo desplazaran tanto que apenas podía verlo. Ese cambio es sutil y puede llegar a ser tan familiar como la marea. No lo reconocerás hasta que veas que tu costa se ha movido.

Es como la analogía de la rana: si dejas caer una rana en una olla de agua hirviendo, saltará. Pero si pones una rana en agua tibia y luego la llevas lentamente a ebullición, se quedará justo donde está, adaptándose al sutil cambio de temperatura hasta que sea demasiado tarde. La erosión de tus principios y compromisos es igual. Ocurre antes de que te des cuenta, y entonces es demasiado tarde.

¡Hay esperanza! Lo primero que tienes que hacer es identificar dónde se han desviado las cosas. Consigue la ayuda de una amiga ante la que rindas cuentas mientras regresas al camino. Estudia la Palabra para mantenerte cerca de la verdad y tener un recordatorio diario de las normas de Dios. Y sé consistente e inquebrantable en el proceso de restauración de tu corazón.

¿QUÉ PASA?

✳ ¿Cómo ha cambiado el contorno de la playa con el cambio de la marea? ¿Por qué se han producido esos cambios?

✳ ¿Te diste cuenta de qué estaba ocurriendo? ¿Qué hizo que te pareciera bien mientras la erosión?

✳ ¿Qué medidas puedes tomar para que la erosión no vuelva a producirse?

PAUTAS DE ORACIÓN

Mañana: Ora para que Dios te perdone.
Algo parecido a esto...

> *Amado Dios, soy tan diferente ahora de lo que era cuando te conocí y de otras veces cuando caminaba cerca de ti. Por favor, perdóname por las formas en que me he desviado de mis convicciones y de nuestra relación. Amén.*

Tarde: Pídele a Dios que te ayude a restaurar lo que se ha erosionado en ti.
Algo parecido a esto...

> *Amado Dios, restaura mi compro-miso contigo y con tu voluntad, y dame la fuerza que necesito para*

hacer los cambios necesarios en mi
vida. Por favor, ayúdame a volver a
donde estaba antes. Amén.

Noche: Ora por guía y próximos pasos a tomar.
Algo parecido a esto...

Padre, por favor continúa mostrán-
dome exactamente lo que necesito
hacer para arreglar las cosas y crecer
contigo. Quiero caminar a tu lado.
Amén.

Día 28

REGRESO A LO BÁSICO

Glorifiquen en sus corazones a Cristo, el Señor,
estando dispuestos en todo momento a dar
razón de su esperanza a cualquiera
que les pida explicaciones. Pero, eso sí,
háganlo con dulzura y respeto,
1 PEDRO 3.15 BLPH

Satanás conoce las Escrituras al dedillo. De hecho, las conoce tan bien que puede manipularlas hasta que la verdad se convierte en una mentira que todavía se parece mucho a la verdad. Incluso trató de torcer las Escrituras cuando tentó a Jesús en el desierto. Y es un maestro en confundir a los creyentes. La única manera de combatir sus manipulaciones es conocer la Palabra de Dios tan bien que podamos reconocer una mentira inmediatamente.

Una seguidora de Cristo debe ser capaz de citar algunos versículos de la Biblia en defensa de su fe, tal vez incluso recurrir a algunos recursos externos para apoyar sus creencias, y definitivamente debe ser capaz de hablar abierta y libremente sobre la salvación y por qué Jesús murió en la cruz. El versículo anterior dice que debemos estar preparadas para defender nuestra esperanza en Cristo cuando se nos pregunte.

Si no puedes o si la idea te pone nerviosa, ahora es un buen momento para poner en práctica un plan de estudio para arraigar esas verdades en tu corazón y tu mente para que puedas responder a las preguntas que la gente tendrá. De hecho, hay programas muy buenos en la mayoría de las iglesias que te llevan de vuelta a los fundamentos de la fe y te dan un buen fundamento en los hechos y la verdad. Si no has tomado uno de ellos o si ha pasado un tiempo y no te sientes segura, inscríbete en uno y profundiza. Mejor aún, trae a tus amigos curiosos para que Dios pueda depositar más verdades sólidas sobre los cimientos que ya están ahí.

¿QUÉ PASA?

✳ ¿Cuán sólida es tu comprensión de los fundamentos de tu salvación y del Evangelio?

✳ Si un amigo te preguntara por qué crees en Dios, ¿qué le responderías?

✳ Escribe un breve testimonio personal para que lo tengas listo para compartir con otros.

PAUTAS DE ORACIÓN

Mañana: Ora para que Dios te enseñe su verdad.

Algo parecido a esto...

> *Amado Dios, gracias por el regalo*
> *de tu Palabra. Por favor, ayúdame*
> *a aprenderla y entenderla mejor*
> *a medida que la voy estudiando.*
> *Quiero conocerte más. Amén.*

Tarde: Pídele a Dios que te ayude a compartir tu fe.

Algo parecido a esto...

> *Amado Dios, quiero ayudar a*
> *otros a conocerte. Por favor, dame*
> *el conocimiento y la confianza que*
> *necesito para compartir mi fe con las*

personas que preguntan e incluso con
las que no lo hacen. Dame nuevas
oportunidades cada día. Amén.

Noche: Pídele que hable a través de ti.
Algo parecido a esto...

Amado Dios, estudio y quiero com-
partir, ahora por favor ayúdame a
decir las cosas correctas. Dame paz
sobre las palabras que salen de mi
boca para que sepa que son tuyas y
cuenten bien tu historia. Amén.

Día 29

LAS PERSONAS PRIMERO

No hagan nada por egoísmo o vanidad; más bien, con humildad consideren a los demás como superiores a ustedes mismos.

FILIPENSES 2.3 NVI

Mi abuelo me enseñó con el ejemplo cómo era Jesús. Gracias a mi abuelo, pude creer en un Salvador desinteresado... en un Padre que me amaba incondicionalmente. A mis ojos, mi abuelo era una extensión del amor de Cristo en mi vida y una prueba de que yo era suficiente. Tenía muchas cualidades semejantes a las de Cristo, como la bondad, la generosidad, la tranquilidad, la disciplina y el amor. Pero lo que más me llamó la atención es que era sacrificado. Ponía a los demás en primer lugar. Sus hijos, nietos, bisnietos, amigos e incluso extraños. Su respuesta cuando se le agradecía era: «Cualquier cosa por mis hijos» o «Cualquier cosa por mis amigos».

Definitivamente aún no he dominado ese nivel de desinterés, y dudo que alguna vez llegue a comprender plenamente lo que significa ser verdaderamente desinteresada. Muchas veces he tenido que volver a centrarme después de permitir que las ganancias materiales, la ambición, los objetivos y todo tipo de cosas tuvieran prioridad mientras mis relaciones con otras personas pasaban a un lejano segundo plano. Pero, aunque no lo domine como mi abuelo, sé que puedo hacerlo mejor hoy que ayer si dejo que el Espíritu Santo me moldee. Tú también puedes.

Al final, las cosas se desvanecen, pero el amor es eterno. Las cosas que tengas o no tengas en esta vida no serán nada cuando un día estés ante Jesús. Tus seres queridos apreciarán que hayas priorizado pasar tiempo con ellos en lugar de trabajar horas extras para comprar el último dispositivo. Enséñales el valor de las relaciones y el sacrificio. Hazte presente.

¿QUÉ PASA?

* En el pasado, ¿quién se ha sacrificado para ponerte en primer lugar? ¿Cómo te sentiste?

* ¿Cuándo te ha impedido el egoísmo poner a los demás en primer lugar?

* ¿De qué manera puedes servir a los demás para mostrar el amor de Jesús?

PAUTAS DE ORACIÓN

Mañana: Ora para que Dios te ayude hoy a poner a los demás en primer lugar.

Algo parecido a esto...

> *Amado Dios, ayúdame a afrontar el día desinteresadamente, anteponiendo las necesidades de los demás a las mías. Permíteme servir a los que me rodean con un espíritu generoso y un corazón amoroso. Amén.*

Tarde: Pídele a Dios que te perdone por las veces que has sido egoísta.

Algo parecido a esto...

> *Padre, me he puesto en primer lugar muchas veces en mi vida. Por favor, perdóname por ponerme a mí misma*

y a mis propias necesidades por
delante de los que me rodean. Por
favor, muéstrame dónde mi egoísmo
ha hecho daño y dónde necesito
enmendarlo. Amén.

Noche: Pídele que te muestre hábitos desinteresados que puedes empezar a implementar en tu vida.

Algo parecido a esto...

Dios, por favor, ayúdame a practicar
algunos hábitos que dirijan mi aten-
ción hacia los demás y fuera de mí
misma. Ayúdame a ser intencional
en servir a los demás en la manera
que pueda. Amén.

Día 30

TIC-TAC

No recuerden lo pasado, no piensen
en lo de antes. Pues voy a hacer algo nuevo;
ya brota, ¿no lo sienten?
Abriré un camino en la estepa,
pondré arroyos en el desierto;
ISAÍAS 43.18-19 BLPH

Hemos llegado al final de nuestros treinta
días juntos, y quería dejar un mensaje que he

compartido con otros a lo largo de los años. Es uno que me ha llevado a través de mucha confusión y me ha liberado de cometer errores y crecer sin sentirme sola. Una vez que le entregas tu vida a él, Dios no es todo o nada en la forma en que camina contigo. Él no traza la línea en la arena y te abandona en los momentos en que eres débil y luego se hace tu amigo de nuevo cuando te vuelves perfecta. Él sabe que estás en un viaje y quiere que aprendas y crezcas tanto a partir de tus fracasos como de tus éxitos.

El pecado, el fracaso y la debilidad que se alinean en el camino de tu pasado no te definen a sus ojos. De hecho, él no los ve. Cuando te mira, te ve a través de la sangre de Jesucristo. Limpia. Santa. Hermosa a su imagen.

Dios es el dueño del resultado de tus esfuerzos, y usará tus momentos brillantes y tus fracasos oscuros como oportunidades para enseñarte a ti y a otros. Así que no caigas en las mentiras que te dicen que se te está acabando el tiempo, o que has perdido demasiado tiempo para ser eficaz ahora, o que si solo hubieras... No. Hoy es el día de la renovación y del movimiento hacia adelante. Él te ha nombrado amada y ha enviado a su Hijo a morir por ti, incluso cuando eras una pecadora. Entrega el pasado y abraza el futuro.

¿QUÉ PASA?

* ¿A qué remordimientos necesitas renunciar y dejarlos en el pasado?

* ¿Cómo puedes utilizar tus errores para ayudar a los demás?

* Escribe una oración de gratitud a Dios por su gracia y misericordia.

PAUTAS DE ORACIÓN

Mañana: Ora para que Dios te ayude a dejar atrás el pasado.

Algo parecido a esto...

> *Amado Dios, gracias por tu gracia. Me muestras una misericordia infinita. Por favor, ayúdame a dejar ir mi pasado, las cosas que lamento y las que hubiera querido que pasaran, para que pueda avanzar libremente. Amén.*

Tarde: Pídele a Dios que te abra puertas.

Algo parecido a esto...

> *Amado Dios, aunque no necesito lamentarme de mi pasado, sé que hay maneras en que puedes usarlo para*

tu gloria. Por favor, abre las puertas para que pueda compartir mi testimonio o ayudar a otros a lidiar con sus circunstancias. Amén.

Noche: Al final de cada día, puedes orar desde la rendición.

Algo parecido a esto...

Padre Celestial, por favor, perdóname por las veces que he tirado la toalla. Mis intenciones son buenas. Tú conoces mi corazón, pero soy débil. Ayúdame a retomar el rumbo ahora mismo. Te entrego este día y todos los días en adelante para que obres a través de mí. Por favor, muéstrame lo que me has llamado a hacer. Amén.

Índice de textos bíblicos

Antiguo Testamento

Acerca de la autora

Nicole O'Dell, madre de seis hijos, incluidos trillizos, es una autora que ha publicado numerosos libros, tanto de ficción como de no ficción. Su pasión es tender un puente entre los padres y los adolescentes, y escribe con convicción y autenticidad a partir de sus experiencias.